www.ingramcontent.com/pod-product-compliance
Lightning Source LLC
Chambersburg PA
CBHW030325160726
47992CB00005B/2166

على شَرَفِ الرَّحيل

أحمد عماد الدين

على شَرَفِ الرَّحيل

شعر

إصدارات دائرة الثقافة، حكومة الشارقة 2024 م

الناشر: دائرة الثقافة ـ حكومة الشارقة ـ الإمارات العربية المتحدة

الهاتف: 5123333 6 971+

البرَّاق: 5123303 6 971+

الموقع الإليكتروني: www.sdc.gov.ae

البريد الإليكتروني: sdc@sdc.gov.ae

الطبعة الأولى 2024

—————

811.9624

ع أ. ع   عماد الدين، أحمد
على شرف الرحيل / أحمد عماد الدين .ـ الشارقة، الإمارات العربية المتحدة : دائرة الثقافة،
2024.
148 ص. ؛ 21X14 سم.
1 – الشعر العربي – السودان– دواوين وقصائد
أ – العنوان

ISBN: 978-9948-735-22-9

إهداء

إلى الأحبة النافذين عبرَ صُدورِنا بسلام..

إلى جذوري في قرية أبودوم قوشابي في شمال السودان الحبيب..

إلى كمالِ أمي ورحابةِ أبي وجمالِ إخواني الذين عمَّروا قريحتي بالحُب..

إلى عائِلتيْ عُثمان الضِّكير وجعفر إبراهيم فالأصلُ منهما وإليهما..

إلى الخرطوم الحبيبة الخالدة..

أهدي هذا الديوان.

أصواتٌ من الغُرفةِ المُظلمة

لو يذهبُ البدرُ

ما باللَّيلِ من طَفَلٍ

لأشبعَ الزَّهرَ

ما يلقى من الوَشَلِ

لثارتِ الرِّيحُ

من أدراجِ أفئدةٍ

تُطمئنُ الرَّعشةَ الصَّمَّاءَ

بالقُبَلِ

لكنَّهُ

في رُفاتِ البعضِ

أوعيةٌ

تُذوِّدُ الشاطئَ المُشتاقَ بالعِلَلِ

يا أيُّها العاشقُ المُضنى

بأسئلتي

هذي الحكايةُ

لا تخلو من الخطلِ

تبثُّ في خاطري

أنَّ اللِّقاءَ يدٌّ

تُخبِّئُ النُّورَ

في إغماضةِ الخَجَلِ

حتَّى إذا

ما استبان الحُبُّ يُثقلها

لتطفئَ الوعدَ قهراً

وطأةُ الأجَلِ

سموتُ والرُّوحُ

للآمالِ ترفعني

وصرتُ

كالبيرقِ السَّامي

على الجبلِ

أمامي القومُ

يستوحون من لغتي

حرفاً

تسامرُهُ الأطيافُ بالوجَلِ

يُصدِّقون خيالاً

قد أبانَ لهم

كلَّ الخبايا

على إيحاءةِ الغزَلِ

ويشهدُ الشِّعرُ

أنِّي لستُ أكتبُهُ

إلّا على صورةٍ للدَّمعِ في المُقَلِ

من سوءةٍ

ورَّدت للَّيلِ فِكرتَها

ومن أمانٍ تهاوت

دونما زلَلِ

ومن رثاءٍ

على الأحلامِ منتبهٍ

وموقدٍ يستحي

من شُعلةِ الأمَلِ

قفزتُ من ذاتيَ النَّشوى

على قدَمٍ

سارت على

راحةِ الآلامِ بالحُلَلِ

وتاركاً

في فناءِ البُعدِ أخيلةً

تُلوِّثُ الفطرةَ البيضاءَ

بالحِيَلِ

لا أزدري الحُبَّ

حتى لا أفِرَّ لهُ

ولستُ أكبرَ

من تَهْيامِيَ الثَّمِلِ

لكنني

هِمتُ في روضاتِهِ ولهاً

فصابني

ما رماهُ اللَّيلُ بالخَبَلِ

الصَّوتُ أقربُ من ذاتي

يراودني

أقبِل على باحةِ الذِّكرى

على عجلٍ

أقبلتُ والخوفُ

ملء الأرضِ يغمرني

أمضي وحيداً

بحُزنٍ غيرِ مُحتَمَلِ

وجدتُهم

من سَرَت للَّهِ سيرتُهُم

ومن تسامَوا

على أيَّامِها الأُوَلِ

من خلفِهِم جدتي

بانت ملامحُها

رحيمةً

في ثنايا حُسنِها الأزليّ

وجدتُها

في شرود الذكرِ سابحةً

تُطهِّرُ الدَّمعَ

من إعيائهِ الجَللِ

سرُّ الصَّلاحِ

من الجدَّاتِ مُقتبسٌ

وكلُّ من ضاعَ

في أثوابِهنَّ ولي

أنا المُحيَّا بأرضٍ

ليس يعرفُها

سوى اللَّواتي

قطَفن الزَّهرَ من طللي

بكلِّ ذكرى

على الأحياءِ قائمةً

سحائبٌ

بِسَما الأمواتِ تبسُمُ لي

وكلّما ابيضَّتِ الأشعارُ

في يدِهِم

أطاحت الأحرُفُ السَّوداءُ بالجُمَلِ.

كأسٌ من رهقِ الذكريات

سيفان في غمدي

وقلبي فارسُ

لكن على الخدَّينِ

دمعٌ مائسُ

اللَّيلُ عندهما

ضياءٌ مُشرقٌ

والحُبُّ بعدهما

خُواءٌ عابسُ

نيلان

أربعةٌ تُوثِّقُ فيهِمُ

أرق الجوى

والبعدُ فَهْوَ الخامسُ

الصَّمتُ

ذاكرةُ الشِّتاءِ وبَوْحُها

والذِّكرُ

والأملُ الطويلُ البائسُ

كم يُشْبِهُ الغيمَ

المُعلَّقَ في السَّما

- في عُزلةِ الأحبابِ -

جَفنٌ حابسُ

فالدمعُ

يحرسُهُ خيالُ أحبةٍ

كالغيمِ

يُزْجِيهِ السَّحَابُ الرَّائِسُ

يا ناظرَ الأحلامِ

في زَهْوِ الصِّبا

باتت تُلَوِّثُ

ما عليكَ وساوِسُ

شمسُ التَّلاقي

قد تراضي عاشقاً

لكن بين الرَّاحتين حنادسُ

لا يُنقِذُ التِّرياقُ

من شبحِ الرَّدى

من أودعتهُ المستحيلَ هواجسُ

حتى إذا ما الوجدُ

أفلت سرَّهُ

يأتيكَ من يدهِ

المماتُ الهامسُ

باتت تُحرِّقُنا

حُميَّاتُ الهَوَى

وتميتُ ماضينا الرَّحيمَ

دسائِسُ

أمَّا إذا نوديتُ:

ما اسمُك يا فتى؟

قلتُ اليقينَ:

أنا المحبُّ اليائسُ

أقبِلْ على اللَّأواءِ

مهلاً إنَّهُ

مالت على

لحنِ الفراقِ عرائسُ

أوقِفْ سُلافَ الحُبِّ عنِّي

قد نما ما فرَّقتهُ

على الخيالِ بواجسُ

فأنا على الأطلالِ

أصرُخُ كُلَّما

كَلِفَتْ بأجراسِ الغناءِ

نوارِسُ

زوَّجْتُ كُلَّ الحالمينَ

خيالَهُمْ

وقريحتي السَّمراءُ

بِكْرٌ عانِسُ.

عابرٌ إلى الذات

على بُسُطِ الحكاياتِ

احترقتُ

أذُرُّ الأنسَ دهراً

ما أرقتُ

وليس العيبُ

أن أفنى بدمعي

إذا ما تهتُ

في بلدٍ عشقتُ

أنا من صابني

لَمَمُ الأحاجي

قديماً

ثم زادَ عليهِ مقتُ

فأقبلنا عليكِ

وربَّ طيفٍ يُقَبّلني

ويروي ما أطقتُ

وأني عدتُ

من عِوَجي وأَمْتي

ومن حَزَنِ الملاماتِ انبثقتُ

فكان

كأنَّني ما كنتُ قبلاً

وَلم أعرف

سوى ما فيه ذُقتُ

دَفَقْتِ عليَّ

من روحِ التجلِّي

عليكِ الوعدَ والسَّلوى دَفَقتُ

دعيني أسبقُ الذِّكرى

لذاتِي

كما في اللّوعةِ الكُبرى

سبقتُ

دعيني للملائكِ

وحيَ خيرٍ

تُصدقني الرِّوايةُ

ما صدقتُ

دعينا الآن

نحيا ثُمَّ نحيا

فإنَّ العُمر

مُفترَقٌ ووقتُ.

ثُنائيةُ الموتِ والحياة

آهٍ وآهٍ ثُمَّ آه

إني أرى الأمواتَ

من حولي وهم يتبادلون

ثباتَهم والأرض

لمَّا بالأسى

تهتزُّ أقدامُ الوُجُودْ

ويُباغتونَ الحاضرَ

المرثيَّ بالأشواقْ

لا أُنسَ يمنعها الحُضورْ

لا صوتَ للآلامِ

يلتزمُ الجُمودْ

هل كنتُ في العشرين

ألتمسُ الرَّحابةَ

من حياةٍ صدرُها

لم يتَّسعْ للحالمينْ؟

الحابسينَ الوقتَ في ذهنِ الشُّرودْ؟

أم أنني ذُوِّبتُ

في نَهَرِ الضَّياعِ

فساقني كالطِّفلِ تيَّارٌ

إلى الأجل المُوارَبِ

حيثُ ترتسمُ الحُدودْ

أنا لا أخافُ الموتَ

لكنِّي أخافُ النَّظرةَ الصمَّاءَ

في وجهِ الذين

سيُنغِضون رؤوسَهم حُزناً

على تلك الوُعودْ

وأخافُ من أرقِ الذين

يُوزِّعون على قبورِ

الرَّاحلين بَواحَهم

ويُخبِّئون الدَّمعَ

في حُزَمِ الوُرودْ

وأخافُ حقاً من عِناقٍ قاتلٍ

بيني وبين الكاتبينَ

على جبينِ الدَّهرِ

أسرارَ الغيابْ

فلذا سأركضُ

خلفَ تلويح الحياةِ

وأزدري بالصمتِ

تضليلَ السَّرابْ

ولذا سأشربُ

من سنامِ الحُبِّ ترياقَ الخُلودْ.

يوم تُبعثُ الحقيقة

زُمَراً من القَصص التي

أمَّنتُها ذاتي

إلى الماضي الوسيمِ رهنتُها

ألقيتُ أرضاً

ما يُشاع بقريتي

وحفظتُ أسرارَ الفراقِ

وخنتُها

كم ألقمتني

في المساءِ معازفُ

نغمَ المزاميرِ

التي حرَّمتُها

أُذناي شاخت

فاستعدتُ سُكونَها

وأعادَ للذَّاتِ المعانيَ

صمتُها

في الصُّبحِ

آمالٌ عِراضٌ كلَّما ساءلنني

من أنتَ؟

أهذي: ها وها

لولا قطفتُ الحُبَّ

من فكِّ الأذى

كانت على بابي الحياةُ

وكنتُها

وذهبتُ أُومنُ

في الضياعِ بقوةٍ

أردت سماءَ الراحلين فجُزتُها

سفرٌ طويلٌ

في جُفونِ مواسمٍ

لم يأنِ

للبدن المُنعَّمِ وقتُها

قال الذي أتلو عليه قصائدي:

الموتةَ البيضاءَ

فيكَ عَرَفتُها

وأنا الغريبُ

المستباحةُ قصّتي

كيما أُعيدَ الذِّكريات

رددتُها

ولكي أرى

لهبَ الفِراقِ قبضتُه

ولكي أرى

سُمَّ القصائدِ ذُقتُها

جرَّدتُ من لُغةِ الرُّواةِ

حكايتي

والرُّوحَ من رهَقِ المماتِ

قطفتُها

تلك المسافات البعيدة عندما

غمضت

عُيونُ المُستحيلِ رصفتُها

يا عودةً للوعدِ

لو أَذِنِ الهوى

لانثال

من عبقِ الملائك بختُها

ما الحُلمُ إلا

ذكرياتُ حبيبةٍ

لو صنتُ ما في الحُلمِ حقاً

صُنتُها

فأنا حبيسُ العهدِ

والقَصَصِ التي

لو فارقت

غُرَفَ الخيالِ رسمتُها

حتّى دموع الحُزنِ

لمَّا ودَّعَت

في حضرةِ الفرحِ الجزيلِ

ذكرتُها

أيعود يوماً

للبلادِ رواحُنا شعراً

وللمُدن الحزينةِ صوتُها؟

ما انفكَّت الأطلالُ

تشربُ من دمي

فسكبتُه للطيرِ

ثم فطمتُها

تلك اللَّيالي

تستعيرُ ملامحي

وأنا بذكرِ المُلهماتِ

أقمتُها

فالمعجزات

على يدي أجلستُها بالحُبّ

والنُّهُرَ العَبُوسةَ صُمتُها.

نجمٌ لا يُمسكه فضاءُ شاعر

وثبتُ عليَّ كي أفنى

فكُنتِ

وهُنتُ عليَّ

لكن ما وَهَنتِ

سِراجاً

في مسارِ التيهِ يهدي

وروحاً

في هوادي اللّيلِ بنتِ

فعادت روحيَ الغنّاءُ

لكن

عصيةَ دمعةٍ حرَّى

فلِنتِ

وأزهَرتِ الأماني

فيَّ عزماً

وأنواراً تشعُّ

فهل أَعَنتِ؟

وأطيافاً

من الحُلمِ المُزَهَّى

وأرواحاً على اللُّقيا

فطَنتِ؟

وأسئلةً

تُلوِّحُ لي بأرضٍ

بأطلالٍ قديماً

قد سَكَنتِ

(من استوحاكَ طيباً للمعانِي

وحبَّبكَ الحياةَ؟) فقلتُ: أنتِ.

تلويحةُ السحاب للخائفين

غداً يا روحُ يَستلِفُ الصَّباحُ

المُشرِقُ البسَّامُ من عينيكِ

تعرِفةَ البقَاءْ

حتماً ستسكت فيهما

(نتاحةُ) الأوجاعِ حين يُداعب

رمشاي جفنيك امتثالاً للشِّفاءْ

أعياهما يا نورُ ما أعياهما

إلا عُبُورُ الوَهْج هذا

للبسيطةِ منهما

عيناك مُبتعثُ الضِّياءْ

لا تُثْقِليني

والتماعُ الدَّمْع في خدَّيْكِ

يملؤني عناءْ

بل انفُثي في فيّ

ألسنةَ الكلامِ

وصيِّريني شاعراً

أو خبِّئيني

في تساديسِ البَهاءْ

ضُمِّي إليكِ الطِّفلَ هذا

عند تلويحِ الصَّباحِ

وعندما تلج القصائدُ

في تواشيحِ المسَاءْ

وستذكريني

ليحيا ما تبقَّى
لي من الآمالِ
كي أَحيَا

وكي أبني قِبابَ الشِّعرِ
فوق الأرضِ إن ثارت
علينا ـ معشر الأموات ـ
كي نَحيَا

وأوهمُها

بأنَّ الموتَ أشبعني

فلا تعلم

إذا نظَرَت قبابَ الشِّعرِ

أن قد صابني المَحيَا

فلا الآلامُ تعرفني

ولا الأشجانْ

إذا ما كنتُ في يدِها

ولا روحُ الأسى تَحيَا.

خطابٌ إلى زهرةِ الأقحوان

أرينـي قبـلَ أن يُلقـى   على صـدرِ اللِّقاءِ ردىً

خيالاً مِـن قديـم الحُبِّ   عـلَّي أنتشيهِ غداً

صباحـاً قد يُقوّينـي   على ظُلَـم المُحِبِّ هُدىً

وليـلاً يسـتعيدُكِ لـي   وحتـى لا أضيعَ سُدىً

أمَا كُنَّا على السَّلوى   بيـارقَ تُوقِظُ الإلهامْ؟

ودفقـاً من يبـاب الحُبِّ   يطفىُ حُرقـة الآلامْ؟

فأنَّـى درب هـذا الوعدِ   تُخطـىُ سيرَهُ الأقدام

ويسـكُبُه الفضاءُ البعدَ   فـوقَ اللامعيـن ظلامْ

سَـلِيها فائحـاتِ الوردِ   أن تَهَـبَ المدى أُنسِي

ويأخـذَهُ الغـدُ الآتـي   علـى أهوائـه أمسِي

ومُـدِّي للنشيد الآن   مـا قـد كان في نفسِي

ومُجِّي فـوقَ ذاكرتي   وِشاحَ العاشـقِ القُدْسيّ

لقـاءِ مُـودِّعٍ قـد قـال   همساً للحبيبِ: سلامْ

صحيحٌ لـن تواعـدَهُ   ولـن تشـتاقَهُ الأيَّـامْ

دعِينـا نلتقـي كذِبـاً   تـواري حُبَّنـا الأوهامْ

فحتماً ليس يؤذي الدَّهرُ   من عاشـا على الأحلامْ

أنــا مــن بثَّنـي حزَنـي   بكلِّ شــوارعي الستَّة
وأمَّــا عن أماني السَّـعدِ   لا صلــة لـيَ البتَّة
أيلبسـني الهيــامُ هـوىً   قنــاعَ ملامـحِ شـتَّىْ؟
أنــا مصفوفـةُ الإعـدامِ   أو ريحانــةُ الموْتـى

أنـا مــن حطَّمـت يدُهُ   لجامَ الموقفِ الأسـودْ
وكنـتُ الـرُّوحَ إذ ترنو   إلـى تاريخِهـا الأمجـدْ
كأنِّي الصَّمتُ عن ذكرى   ترائي سوءَةَ المشـهدْ
أنــا يــا سـيدي المنفـى   أنــا يــا سيدي أحمدْ

حروفٌ لا تصطلي بنارِ الحُب

الحُبُّ ما طاب

بعد الموتِ صاحبُهُ

والموتُ

ما ثار من طُوفانه الحدثُ

بحرٌ من التيه

في أعماقِهِ رقَدَت

حلوُ الفوانيسِ

في شُطآنه الرَّوثُ

يا منشداً

في رحالِ الصَّمت أغنيةً

تُتلى على موجةٍ

ما صابها رَمَثُ

أنَّى استرقتَ عيوناً

من صفاءِ جوىً

وجفَّ من بعد موتٍ

قلبُك الدَّمِثُ

أو انتبذتَ بعيداً

عن بلادِ هوىً

ينامُ في عاتقيها

الجِدُّ والعبثُ

فلن تُبثَّ حياةٌ

بعدما اهترأت

على الصحائفِ ذكرى

خانها اللَّهَثُ

فاقفز إلى ربوةِ الآتين

منتمياً

إلى سحابٍ ثقيلٍ

ليس يكترثُ

واخلُد إلى مرقدِ الماضينَ

مُختبئاً

فقاتلُ الحبِّ

في الحالين لا يرِثُ.

جمرةُ الحدق

إنِّي أُناديكِ بعد الصَّمتِ

في حُرَقِي

أيا ظلامي

ويا همِّي ويا أرقِي

ذودي عن النَّفسِ

أطيافاً أرِقتُ لها

وارسي على مدرجِ الأمواتِ

وانطلقي

وجدِتِني واكتمال البدر

يرسمني

سلاسلُ النُّورِ

مُلقاةٌ على طُرُقِي

أهدي لمن سار

إن ضنَّت مسالكُهُ

ثُقباً من الضوءِ

قد يحنو على النَّفقِ

كأنما النور

رهنٌ عند قافيتي

لتأخذي النور

إن ألفيتِ واسترقي

من لعنة الشوق

تبتاعين باغيةً

شيئاً من الجمرِ

كي يُرمى على حدقي

حتى إذا خِلْتِ

أن الموتَ صافحني

يرتدُّ من موكبي

جمرٌ فتحترقِي

لأنني الماءُ

يا سلمى لراميتي

وإنَّما الماءُ

يخزي جمرةَ الحدقِ

تخادعين البينَ

والتعساءُ تقسمني

إلى طريقين

مزدانين بالأرقِ

جميلةٌ

لكن الأثواب زينتها

وقلبها

غارقٌ في ظُلْمةِ الغسقِ

بطيفٍ من يزدري الآمالَ

تُظلمني

وتُشرق الأرضُ

والأرجاءُ من ألقِي

ما أخبرتها

خيولُ الأرضِ ما عرفت

ولا الحسانُ الجيادُ السُّمرُ

عن غدقِي

بأن من يمَّنا

كانت ضفائرُها

فأنبتت رونقاً

يحذو على نسقِي

ولا السماء التي

ما زلت أنشدها

بأنني

معبر الغادين للأفقِ

بأرضنا

المنُّ والسلوى

وإن عدمت

نُقطِّع الرُّوحَ

أشلاءً لذي الرَّمقِ

عليك إن شِئْتِ

أن تبقي على أمل

فكيف للمرء أن يشقى

ولم يَذُقِ

فها هو الطيف

يحوي الموت يخبرنا

الموتُ قد آن يا كحلاءُ

فاحترقي

وهاكِ من حرفنا

سِفراً يمجدني

أما عن الطيب

فانداحيه من عبقِي

نزعتُ عنكِ

صفاتِ الخير أجمعها

أتلو عليكِ عشيّاً

سورةَ الفلقِ.

ما لم تُشاهده في الحلقةِ الأخيرة

مالي أراكَ اليوم

يا ألقَ القصيدة

تغزلُ الأحزانَ

من قُطن السَّعادةِ

من حياضِ النُّبلِ

تُثريها المدامع

تزدريها الأمنياتْ

من أين أبدأُ

والفراغ المرُّ

يملؤني انتحاباً

والسكون يحفني

في كل ناحيةٍ خيالاً

من مساس الذكرياتْ

اليومَ أفجعني الفطامْ

وأنا حديثُ السِّنِّ

في ذهن الصَّبايا لُعبةً

ما زلتُ أنهلُ

من شُمُوسِ الحُبِّ

أنوارَ الحياةْ

اليومَ تلحظُني

المواجِعُ تصطفيني

من جُمُوع العاشقينْ

اليومَ تأكلني الأماسي

واللَّيالي الحالِكاتْ

الأرضُ لمّا بعثرتك على الأزقّةِ

في حُطامٍ أخطأَتْ

ما كنتَ عنواناً يخطُّ الشكَّ

في السَّاحاتِ والصُّورِ المجيدةِ

بعدما شُدَّ الرِّواء

بل كُنتَ محضَ روايةٍ

ملأت وهاد العين حُبّاً

وازدهاء

تستوقف المارِّين

عبر الحزنِ للأملِ الحييِّ

القارئين ملامحَ الأوطانِ

في الشُّهداءِ ترسمك المدامع

كيفما شاءت تشاء

لم تقترف ذنباً
سوى أنَّ الدراويش
الذين يُعمِّرون فراغَكَ المُلتاعَ
غنَّوا للحقيقةِ
دون ذاك الافتراء
وتداولوا بالعشقِ
أغنيةَ العُروجِ إلى السَّماء

لم تحتملْكَ الأرضُ

حرفاً في كلامْ

حتى تُفسِّرَ ذلك الفقرَ المُبعثَرَ

في الشوارعِ

في دموعِ الأبرياء

الأرضُ ما شكت الظَّلامْ

حتى نراك وأنت تُهدي

كل من برزوا

سراجَ السَّيرِ آنية الضِّياء

الأرض تستلفُ المسارجَ

من رواقِ الوجعة الأولى

على جُدُرِ الضّياعِ

ومن غُيوبِ الصَّمتِ

من بُقَعِ الدِّماء

ومن جُيوبِ الأغنياء

حلِّل بفهمٍ ما تنزَّلَ

فوق هذا الخدِّ من دمعٍ ثخين

حتى تعرِّفنا اصطلاحاً

كل مسغبةٍ تميت الرُّوحَ

في عينيكَ والوعدَ المبين

كل عاطفةٍ توسدتِ القراطيسَ

احتمالاً أن يثور الشِّعرُ

عن نبأٍ يقين

عرفينا

يا قوانينَ الخيالِ إلى الحياةِ

قولي: الخائفين

نحن الَّذين اسَّاقطت

أسماؤنا سُوَراً تقيم الوصلَ

بين النشوةِ الكبرى

وطيفٍ قد تسامى

من قُدامى الرَّاحلين

المُقبلون على سرايا الوجدِ

في اللَّيلِ الحزينِ مواكباً

حتى إذا بانت

سهامُ الحُبِّ كُنَّا الهاربين

الهاربون من الحقيقةِ

كلَّما التحَفَت قصائدُنا

ثيابَ العاشقين

الَّذين تفرَّقت أفراحُنا

شيعاً على حُرَقِ الحيارى

حين أعيا الدَّهرُ

بوصلةً الحنين

والحاجبون العُمرَ

عن مدِّ السِّنين

والكاظمون العشقَ في

سجنِ الخلايا

والبكاءَ الحقَّ في تلك الجِراح

يا بُراقاً قد تمرَّغَ بالصَّفاءِ

على إراضِ الهمِّ

والأرضِ الكُلامْ

فتورَّدت في صدرِهِ

كل المدائنِ واستراحت

فيه أجنحةُ الرِّياح

من ضاع فجراً

في مقامِ السِّرِّ واللَّيلِ المُغيِّبِ

حينما قبضت رياضُكَ

نسمةَ الألحانِ

إيماءَ العميري

وهْوَ ينشدُ في الرُّبى فلقَ الصَّباح

ما حطَّ حافرَهُ

على حدِّ انتهاءِ العينِ

من بُعد البصر

بل حطَّ حافرَهُ

على كل الجهاتِ

بقدر ما اتسعت رقاعُ الحُزنِ

في هذا البراح

سبعون صفّاً

من جنود الرَّمز

تستبقُ المعانيَ كلَّها

وكلُّها ما رصَّعتكَ

على صحافِ الشِّعر

والوصفِ المُباح

هلّا رددتَ

إلى بحاري قارباً

ووهبتَ لي بالحُبِّ

أشرِعةَ الفلاح؟

استلهِمِ الأفراحَ

من عبقِ البوادي

السَّاقيات الرُّوحَ

أكؤسَها المِلاح

سبعون صفّاً

من جنود الرَّمز

تستبقُ المعانيَ كلَّها

وكلُّها ما رصَّعتكَ

على صحافِ الشِّعر

والوصفِ المُباح

هلّا وقعتَ

على القصيدةِ صُدفةً؟

حتى يُقمصك البيانُ على الملا

أبهى مرافئِها البعيدةِ بارتياح.

جوابٌ ساقطٌ من بساطِ الريح

هذي رؤايَ

على الشواطئ فاركبي

لن يُمهلَ الطُوفانُ

قلبَ المُذنِبِ

سلَّمتُكِ الحُبَّ المُذابَ

على فمٍ

يروي إلى الأملاكِ

سِحرَ المَغرِبِ

نايـاً

تُساوِرِهُ احتمالاتُ الهوى

لحناً يُلوثُهُ

ارتباكٌ مُعذَّبِ

تَهَبُ الورودُ

إلى الفراشِ رحيقَها

ويُسلِّم الماءُ الحياةَ

لِطُحلُبِ

نأيُ المُحبين

احتراقُ مدائنٍ

ولَقربُهم للرُّوحِ

سمُّ العقربِ

حقٌّ على الإنسانِ

موتُ مواسمٍ

لتُبثَّ أخرى

في الفضاءِ الأرحبِ

لتفوحَ

سوسنةُ الموانئِ في دمي

وأشعَّ نوراً

ملءَ هذا الكوكبِ

سأبُثُّ روحاً

صوبَ كل منيةٍ

وأميطُ ثوبَ المُستحيلِ

بمخلبي

لأُصارعَ الموجَ العتيَّ

بمعصمي

مزَّقتُ عن أمري

شراعَ المَركِبِ

من لوحيَ المقروءِ

ثارت وحشتي

ولبثتُ

في ذاك الملاك المُتعب

سأخُطُّ في كل القراطيسِ

التي احتضرت

قوافِيَنا التي لم تُكتَبِ

بين احتمالين

اتكأتُ على يدي

وطفقتُ مصطبراً

بِذكرٍ طيِّبِ

إما يُزوِّجني الصباحُ

صبيتي

أو خلفَ نخلِ الصالحين

سأختبي.

عباءةٌ بيضاء على ظَهرِ اللَّيل

كما ألقوا

على الأرضِ التَّحايا

تهادَوْنِي

بزلزلةِ النَّوايا

فسقتُ الأرضَ

مُشتاقاً أغنّي

على مزمارِ داوودَ البلايا

وقفتُ هناك

منتحلاً صفاتي

بقدر الخوفِ

أخيلتي شظايا

وفيّ هواجسُ الهذيان

تسري

تلاشى العقلُ

ما بقيت بقايا

كمن عجّته

بالشوقِ الأماسي

ومن باتت

تُخبِّطه السّحايا

بثثتُ الحُبّ

من تلقاءِ صمتٍ

وصمتُ الحُبِّ

موطئةُ الخطايا

مَضَوْا للقبرِ

أفئدةَ التحلّي

بوهْج الأُنْسِ

لا زَخَمِ الرّزايا

تهادَوْني تحاياهم

فولّوا

وما دسُّوا

مواتي في الهدايا

فكنتُ النّجمَ

يُعْييني التَّداعي

وكنتُ الماءَ

تحرقني الحشايا

أنا يا هفوةَ الأمواتِ

صمتُ

تخالطني

سذاجاتُ الصَّبايا

خيالاتُ القُبُورِ

إذا تراءت

نمدُّ الشِّعرَ

من ألقِ المنايا

فبوحُ الحزنِ

بالقولِ افتراءٌ

وصدقُ الشِّعرِ

إيمانُ البرايا

أنا المحبوسُ

في غُرَفِ التّناسِي

أنا المنسيُّ

في زنَخِ النَّوايا

أنا المعروفُ

في الضوءِ انعكاساً

ورُدُّ الضوءِ

تتقنُهُ المرايا

تمادَوْا في خيالاتٍ

تُمَلَّى على الماضين

في مُدُنِ الخفايا

تساقُوا الموتَ

يا سلمى فماتُوا

أكانوا الموتَ

أم كانوا الضَّحايا؟

على شَرَفِ الرَّحيل

صمتٌ مقيمٌ

ثمَّ صمتٌ مقبلُ

لا صوتَ يذكرُ

ما يَسُرُّ ويُجذلُ

لا عينَ تزْهرُ

في مداها وردةٌ

تستفرغُ الذكرى

ومنّا تَخْجَلُ

وأنا وأنتِ

على اللِّقاءِ وخلفَنا

بونُ المسافةِ

والغمامُ الأطولُ

فلنسترِقْ

قبلَ الفراقِ عناقَنا

فالرَّعدُ يسبقُهُ

عناقٌ مجْزِلُ

فأنا رحيقٌ

إن لثمتِ فحينَها

سبقت ظلالَ السَّائِرين الأرجُلُ

الآن والأمسُ القريبُ

وقصةٌ

باتت على كَتفِ الخطايا

تُحمَلُ

بَرٌّ، إذا بُؤنا بذنبٍ

لاح لي

أنِّي على الملأِ الكريمِ

سيُسأَلُ

فأذوب شيخاً

في عباءة مُلهَمٍ

يستوحش الدُّنيا

وعنها يغفَلُ

وأبيتُ قولاً

وافتراضاً يُزدَرى

لأقومَ شعراً

واقتباساً يُعقَلُ

فالشِّعرُ أبلغُ

ما يخُطُّ حكايتي

لكنَّ خائنةَ الزَّمان تؤوّلُ

دمعي زفيرُ الأمسيات أبثُّهُ

عُرفاً

على دين السَّماحةِ

يُجبلُ

غيري يصبُّ النأيَ

وحدي أحتسي

غيري يضمُّ الحبَّ

وحدي أُرسلُ

فرداً بكفِّ النائباتِ

تؤُمُّني

سِيَرُ القصائدِ

والفراغُ الأهولُ

فعرَفتُ أني

في الغرامِ أخيرُهم

ولوَنَّني في المكرُماتِ الأولُ

سأذودُ عني

ما يداوي عِلَّتي

وأطيلُ صمتي

فالكلامُ مؤجَّلُ

وهناك

طيفُ الرّاحلينَ

يقولُ لي:

- وأنا سُهامٌ في الظَّلامِ يُهرولُ -

لا يثقلُ الشعراءَ

موتٌ مقبلٌ

هذا

لأن الشاعريةَ أثقلُ.

آدميةٌ سمراء

خُذ طيفَنا

من بريقِ الحُلم

محتضنا

واقرأ ملامحَ من

في صمتهم مُدُنا

سمعتُ هذا

ولمّا شِختُ منتظراً

وبيننا شُقَّة الأزمان

قلت: أنا!

قالوا: أمن سكرةِ المُشتاقِ

تسألُنا؟

أم قد سمعتَ

فلا تأبى وقل حَسَنا

حقيقةٌ

أنَّ في الأرواحِ لو غرِقت

مراكبٌ

تُرهق الأميالَ والزمنا

كُنا على الدرب

آمالاً مُبعثرةً

أكلَّما ذُدتَ عنا المستحيلَ

دنا؟

حُلمُ الطفولةِ

أوطانٌ بلا سَفرٍ

لا أن يبيعَ صبيٌّ

عمَّه الكفنا

حتى الفراشُ الذي

ذاق انتشاءَتنا

وذاق في روضِنا الأحلامَ

والِمَننا

أماط عن زهرِنا الأشواق

ثم هوى

وجفَّ من بعدُ

ذاك الزهرُ وافتتنا

تأبى القراطيسُ

إلَّا أن تمد يداً

تشري وتشربُ

من أقلامِنا الوهنا

ملائكيون

في أعماقهم سفرٌ

أضحت زوارقهم

في بعده سُفُنا

تدنو على ظُلمةِ الأيامِ

سيرتهم

لتُنبتَ الضوءَ

فوق الحالكات سنا

سودانيون

في الهيجا عمائمهم

غيثُ المُحب الذي

لا يُمهل المِحَنا

كادوا

وللحُبِّ أفواهٌ مُلهَّبةٌ

من دون أن يشعروا

أن يحرقوا الوطنا

يا حسرةً سيَّرت

للموتِ مرتعَنا

وبدَّلت

صولجان الخالدين قنا

أشكو إليك أبي

في فجرنا قلقاً

وفي الليالي

إذا ما خضتها شجنا

وقصةً في الكرى

يا أُمُّ ترسمني

على ميادينها الحمراء

قيدَ مُنى

لتُنشدي من

مواويل الحكايةِ ما

يغوص في السر

حتى يبلُغَ العلنا

لتَبسطي من سما لقياكِ

كفَّ يدٍ

مذ أبحرت ذاتُنا

وهي الشِّراعُ لنا

وتطعمي الطيرَ

تشجينا بخاطرةٍ

لا تطلبُ الإذنَ

حتى تعبُرَ الأُذُنا

لا ينقصُ الطيرَ

رزقٌ كان في يدها

لكن من الحُبِّ

أن تقتاتَ من يدِنا.

صباحٌ كاد أن يشرق

إذا ما راج في صدرِ

الحبيبِ المُثقَلِ الوَجَلُ

عظيمٌ في كتابِ العشقِ

أن يستبرئَ الرَّجُلُ

وعيبٌ أن يدُسَّ المرءُ

ما قد يُظهرُ الأجَلُ

وحقٌّ بعد هذا الشِّعرِ أن ينتابني الخَجَلُ

فقولي للصَّباحِ الرَّحْبِ

إنَّ النُّورَ قد ذَهَبا

وإنَّ الدَّمعَ قد أوفى

الجميعَ العهدَ والتَهَبا

وقولي كيف كان الوعدُ

يُضني حُزنَنَا رهَبا

وإنّا في سماءِ الحُبِّ أمطَرْنا الأسى ذهَبَا

قديماً كان في العينينِ

ماءٌ يزدري الرَّمَدَا

وكُنَّا لهفة المُشتاقِ

إذ يستقربُ الأمَدَا

وكُنَّا رقَّةَ الدرويش

لمَّا ينظُرِ المدَدَا

وكُنَّا في الظَّلامِ النُّورَ للمُستيقنين يدَا

متى نلقى من الأيَّامِ

كفَّاً عامِراً بضَّا

يُصافحُ ليلةَ الأحبابْ

يُثني عنهُمُ البُغضا

متى تستأنسُ الأفراحُ

قلباً بالهوى غضَّا

ويُنسى ما رماهُ البُعدُ يشفي بعضُنا بعضا

فَهَبْ أن تزهرَ الأيَّامُ

أو أن يرجِعَ الزَّمَنُ

وتُلقى فوقَ آمالِ

الفتى المُستَبصِرِ المِنَنُ

وهَبْ أنَّ الخيالَ العفَّ

لن يغتالَهُ الوَهَنُ

ويأوي بعد عُزلتِهِ إلى أحلامِنا الوَطَنُ

دعونا نرتقي بالحُبِّ

حتَّى يُلجمَ الكَربُ

عسى أن يأسرَ الأحزانَ

في أوكارِها القُربُ

عسى ذاتاً رماها الدربُ

أن يُرمى لها الدربُ

وجُرحاً في طِحَالِ الأرضِ أن تَفنى بِهِ الحَربُ.

الفهرس